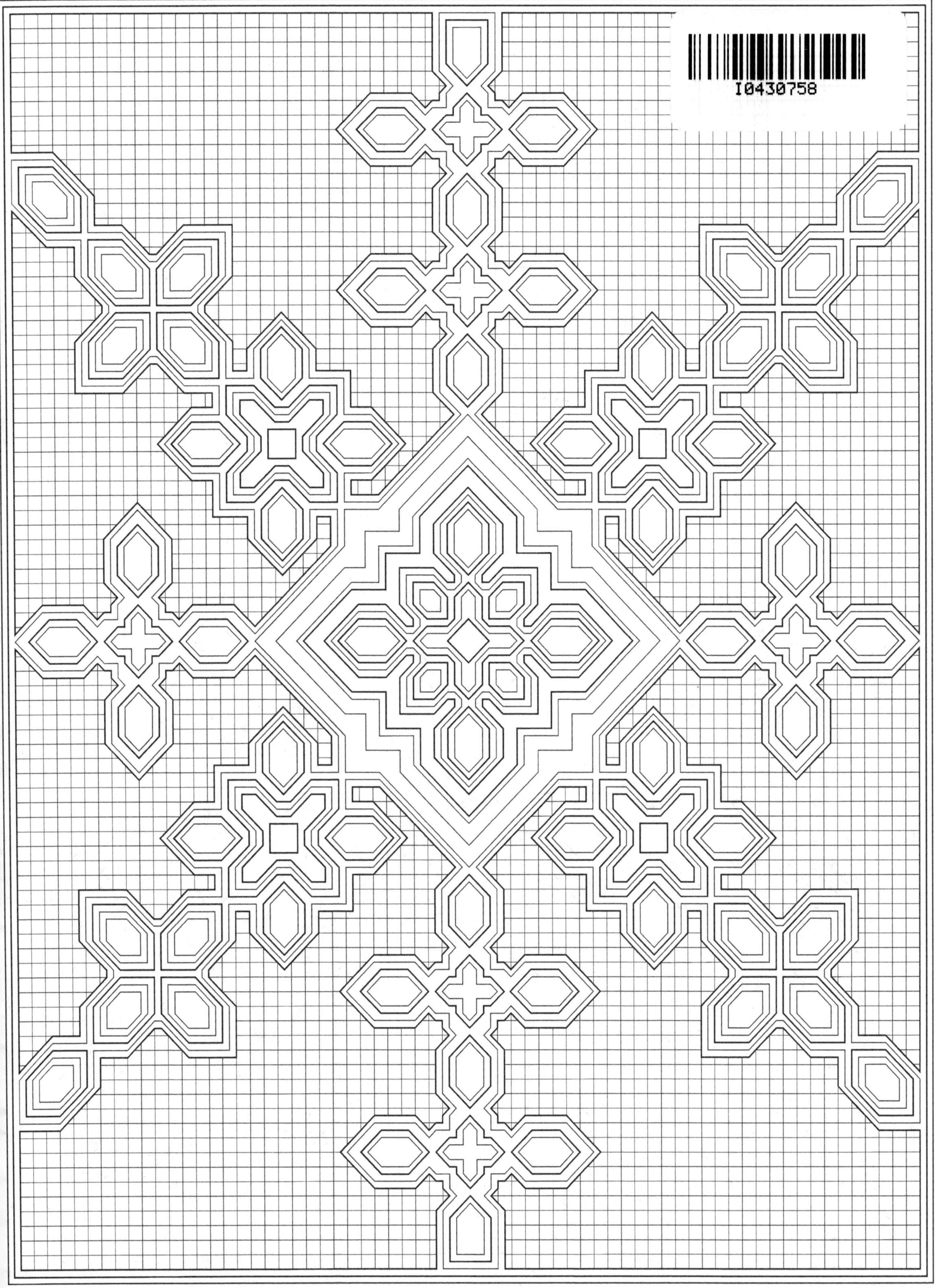

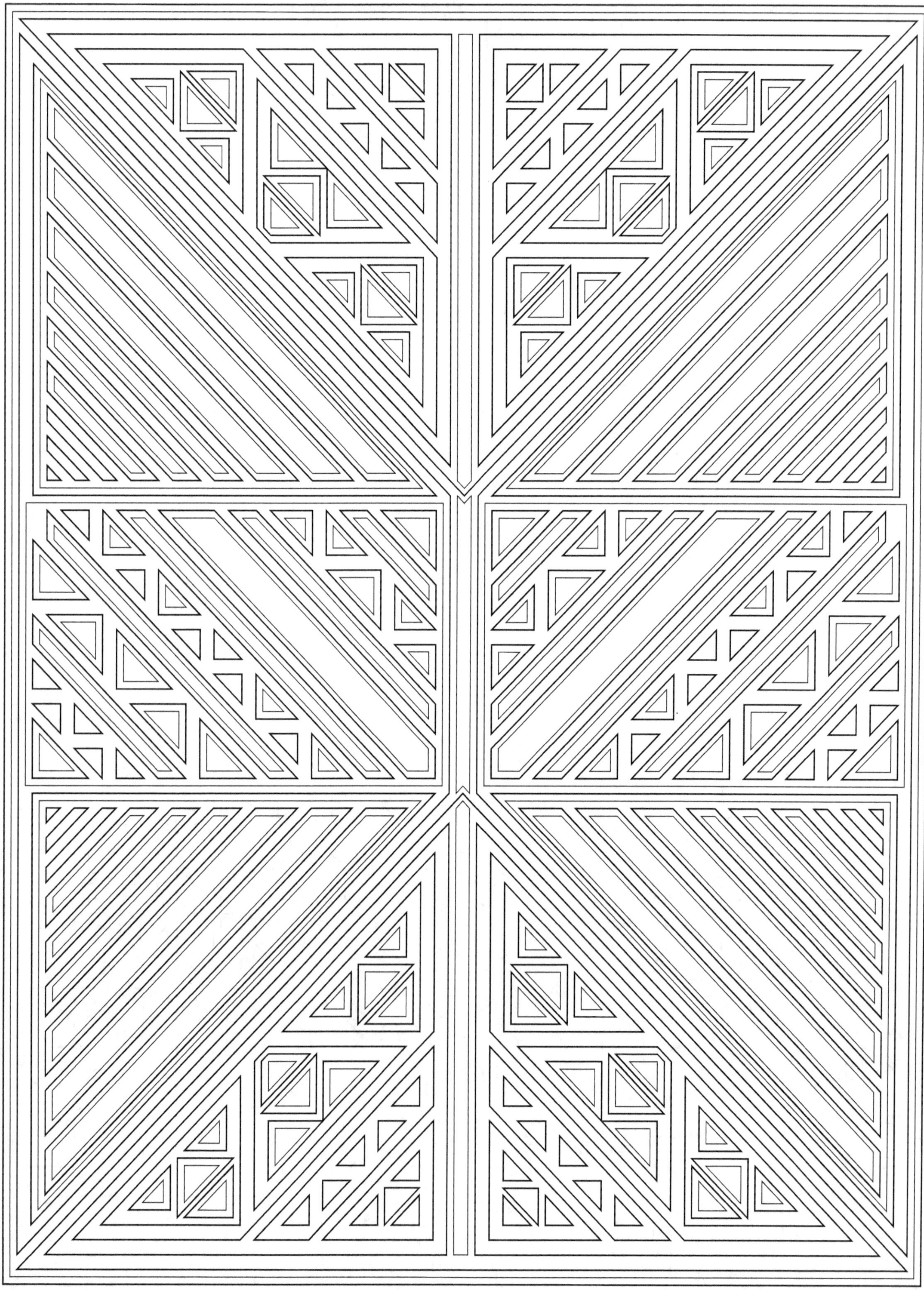

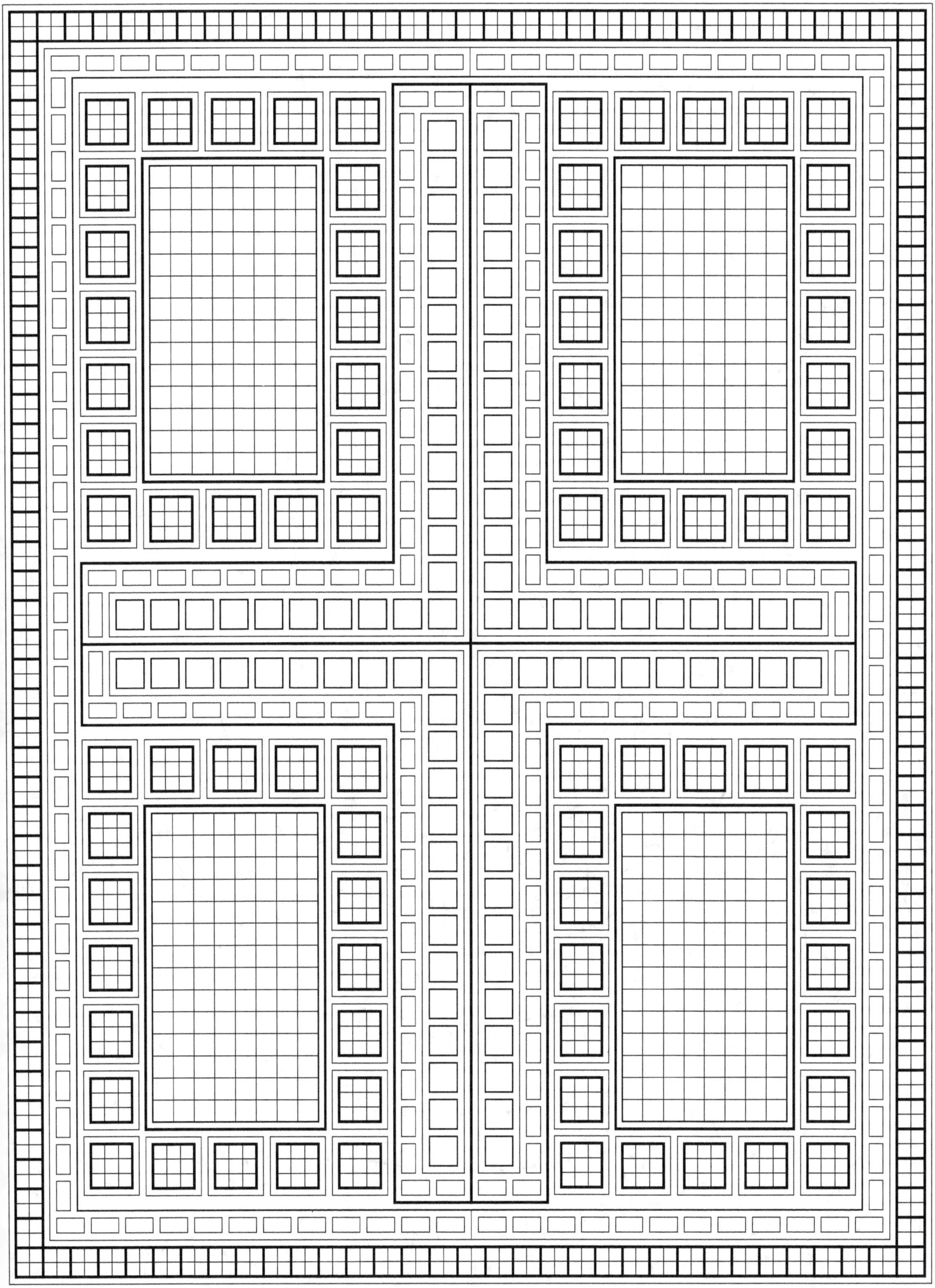

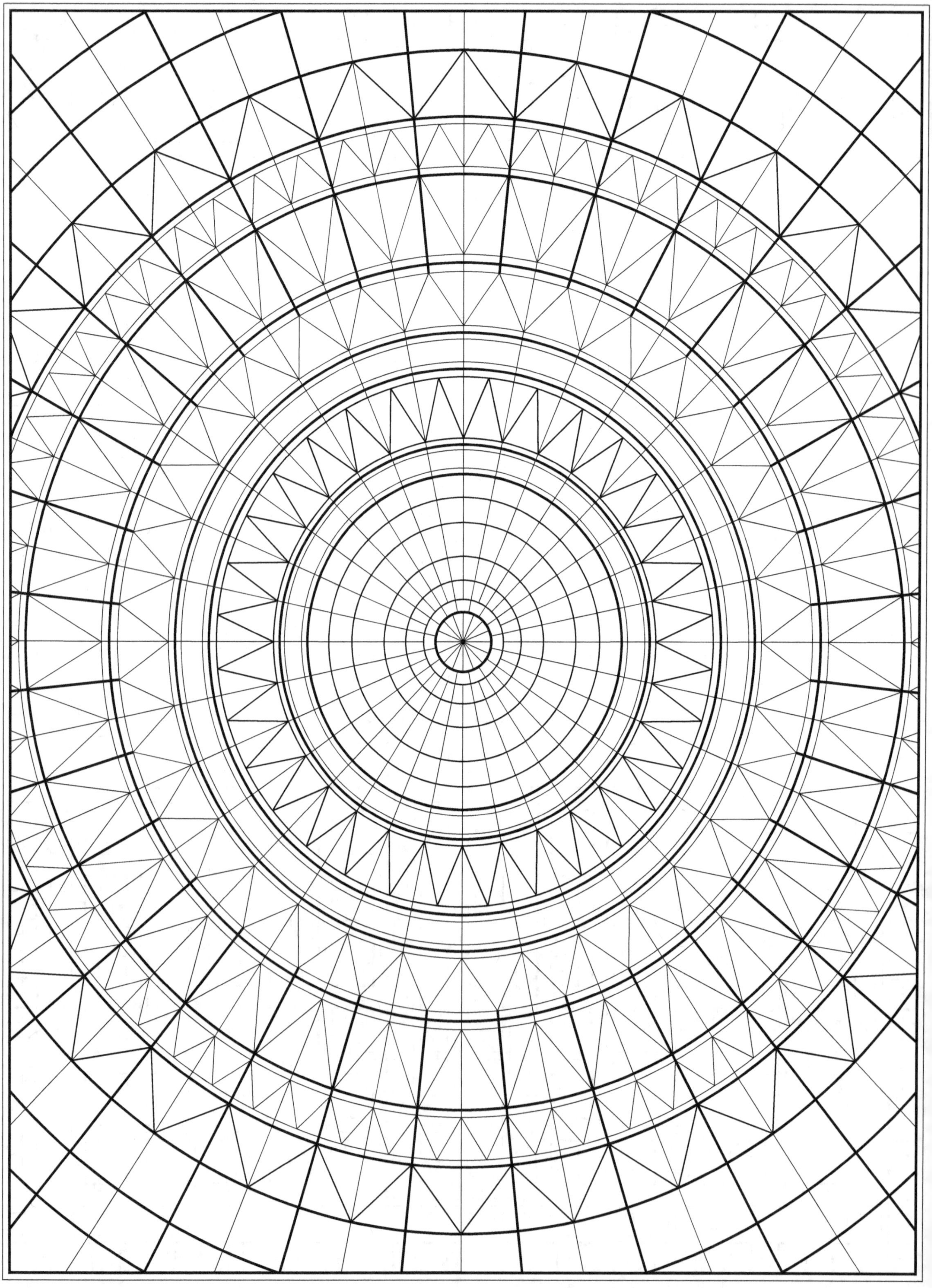

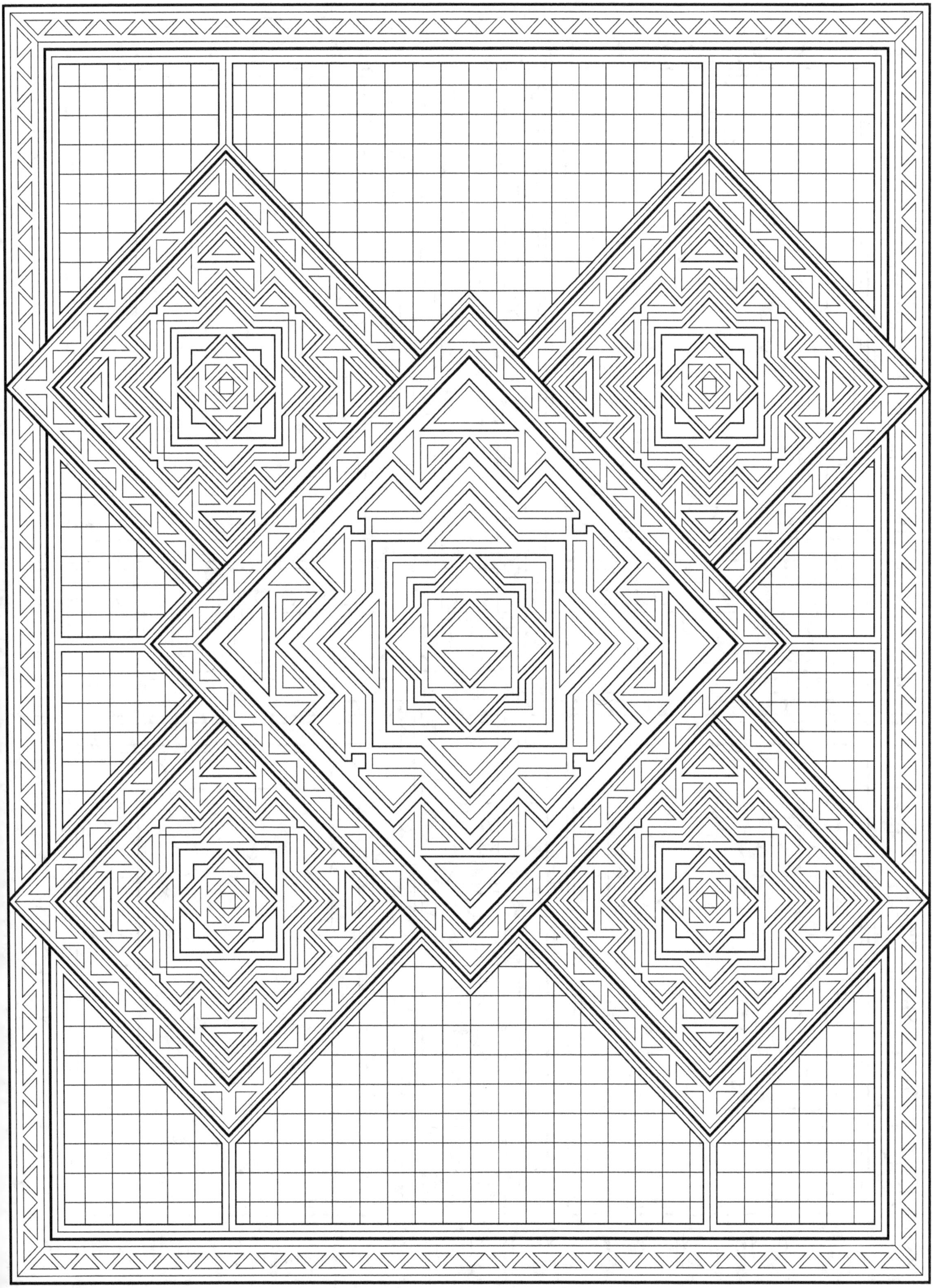

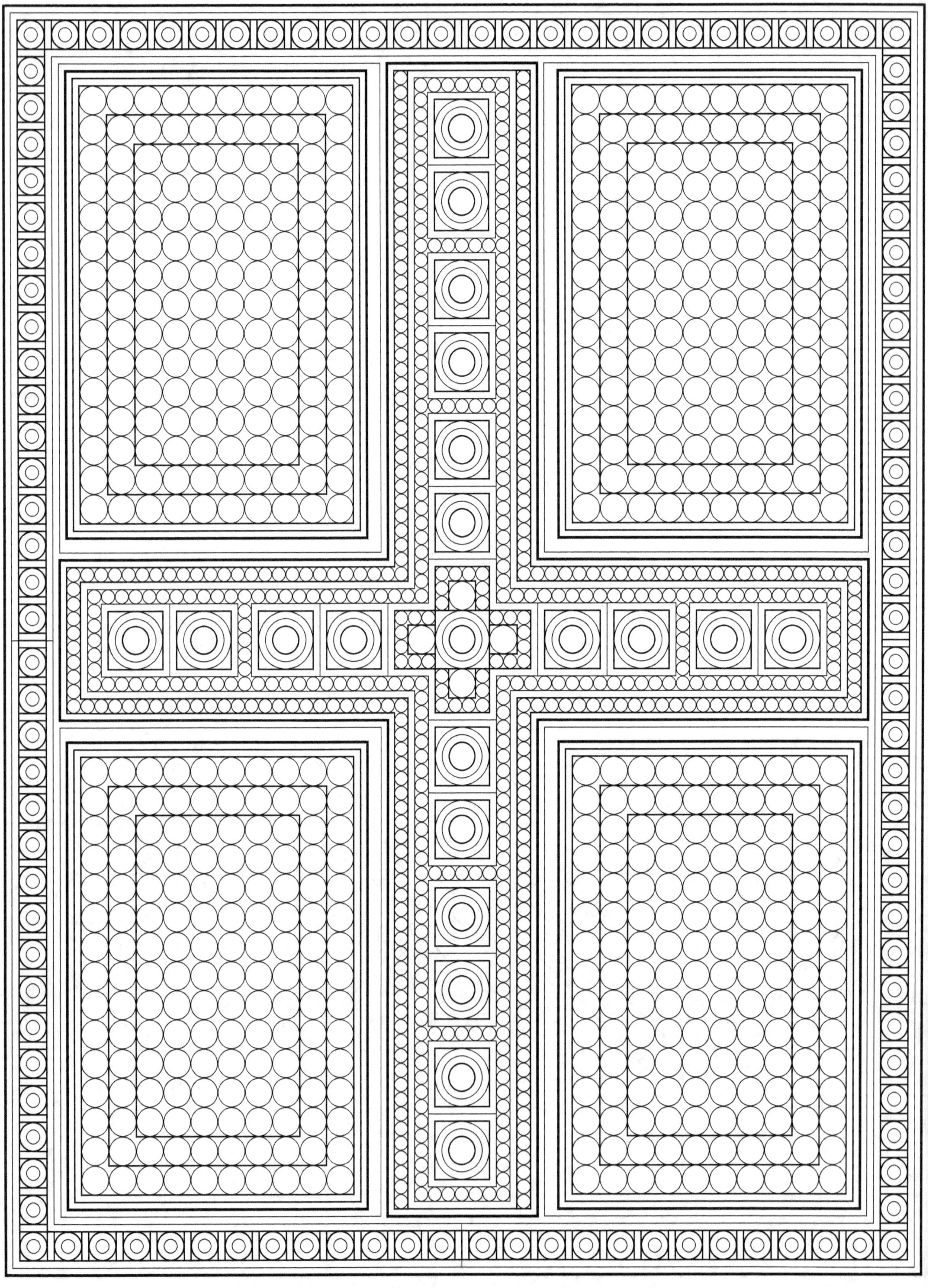

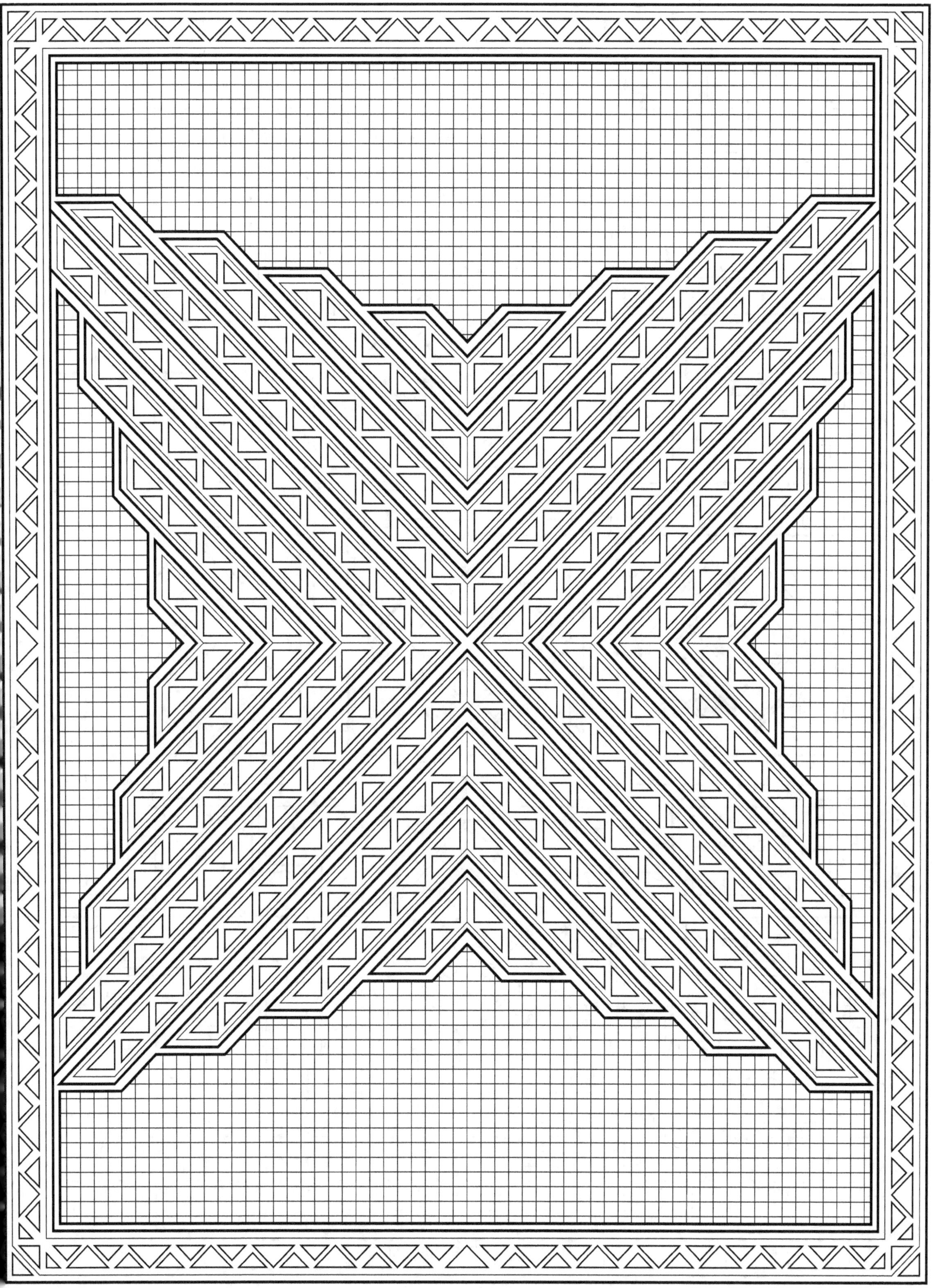

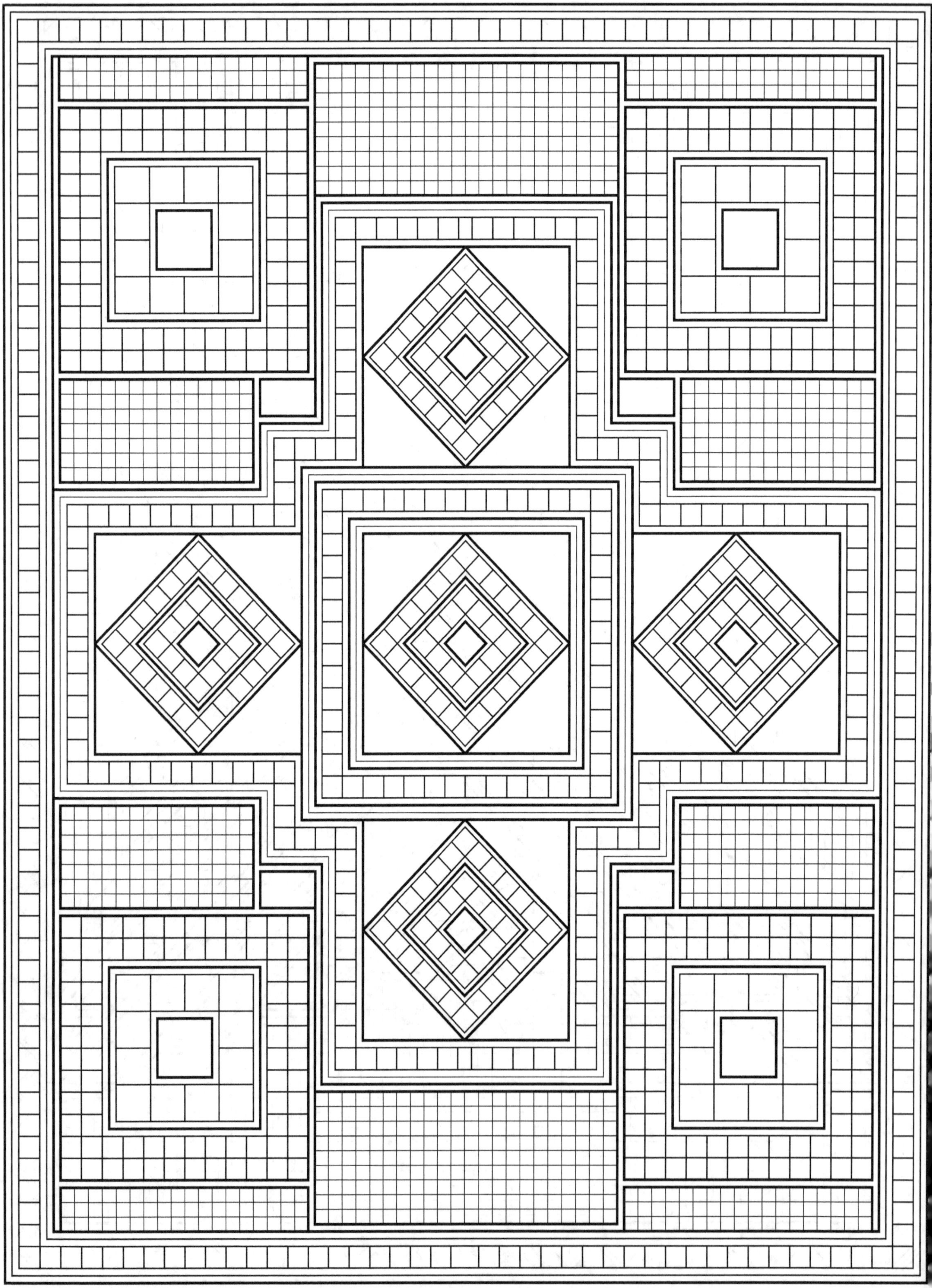

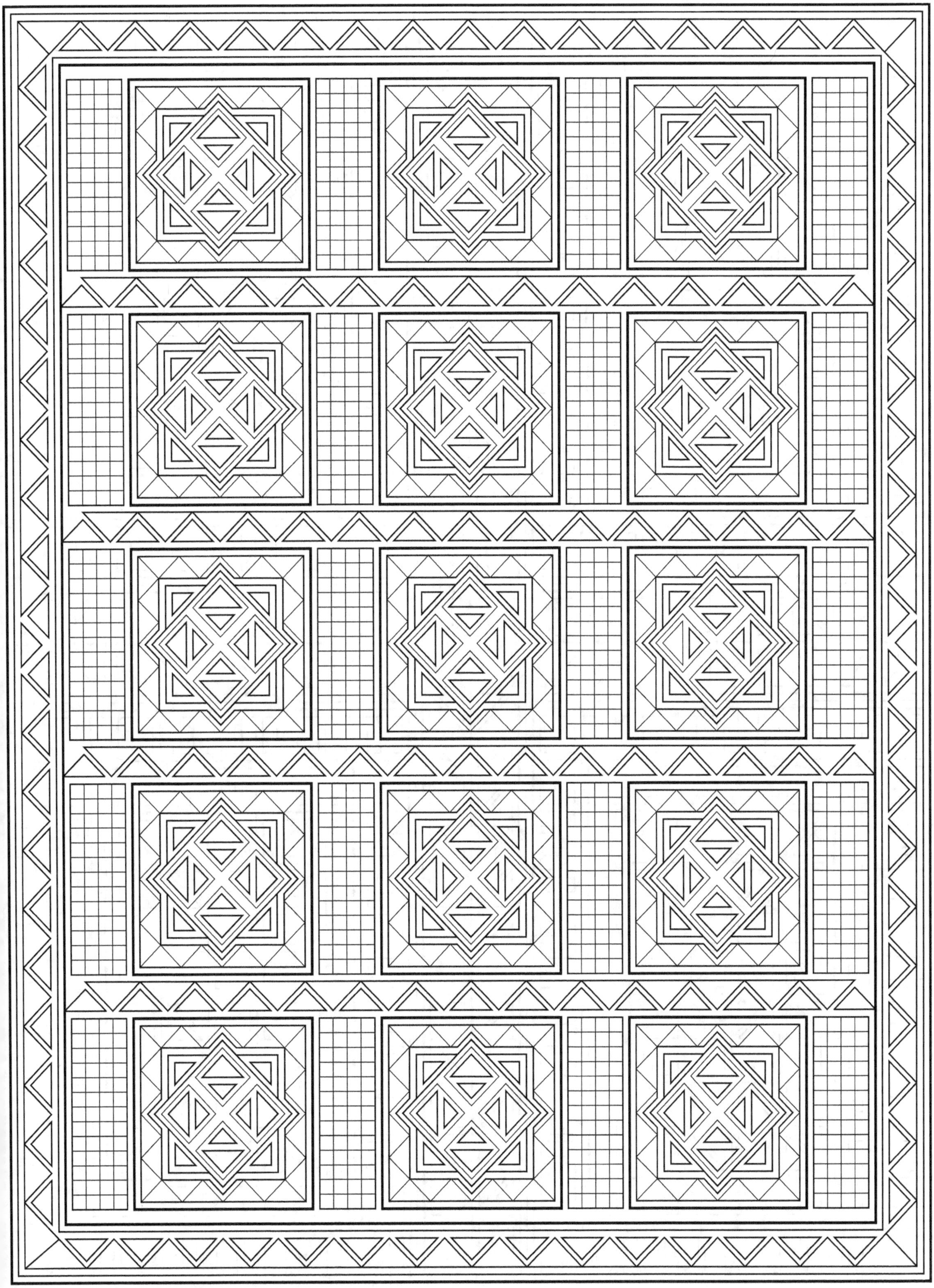

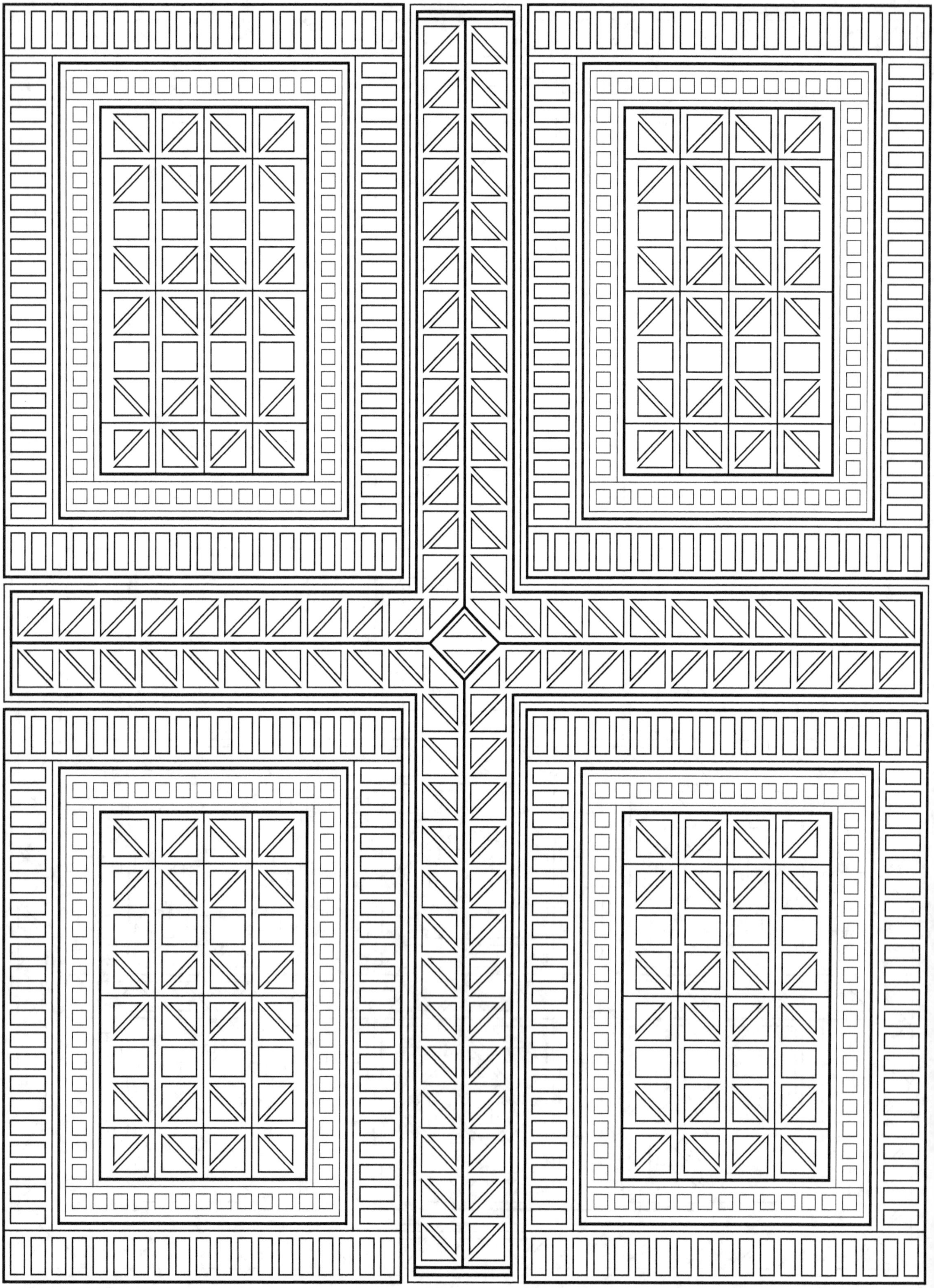

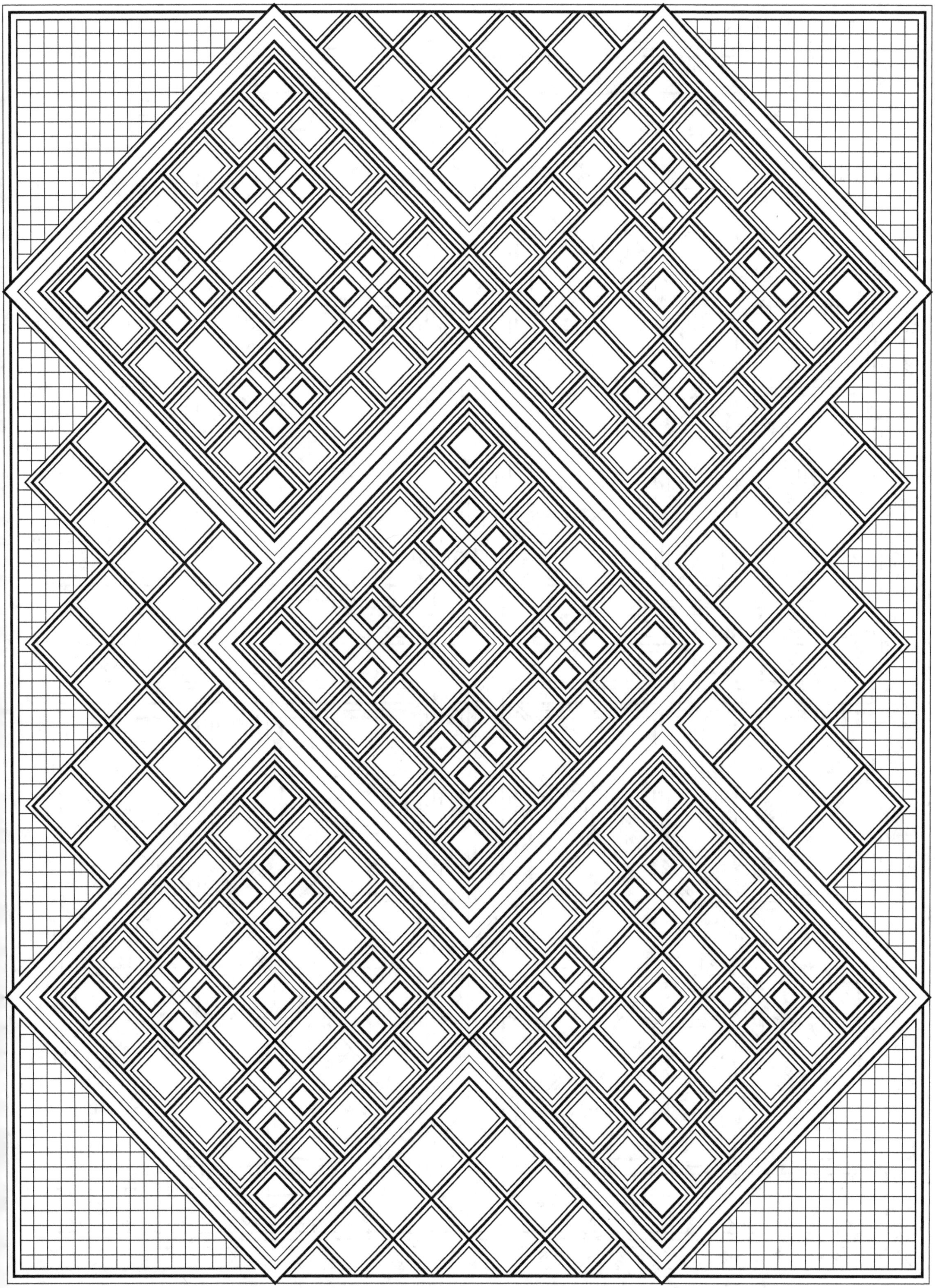

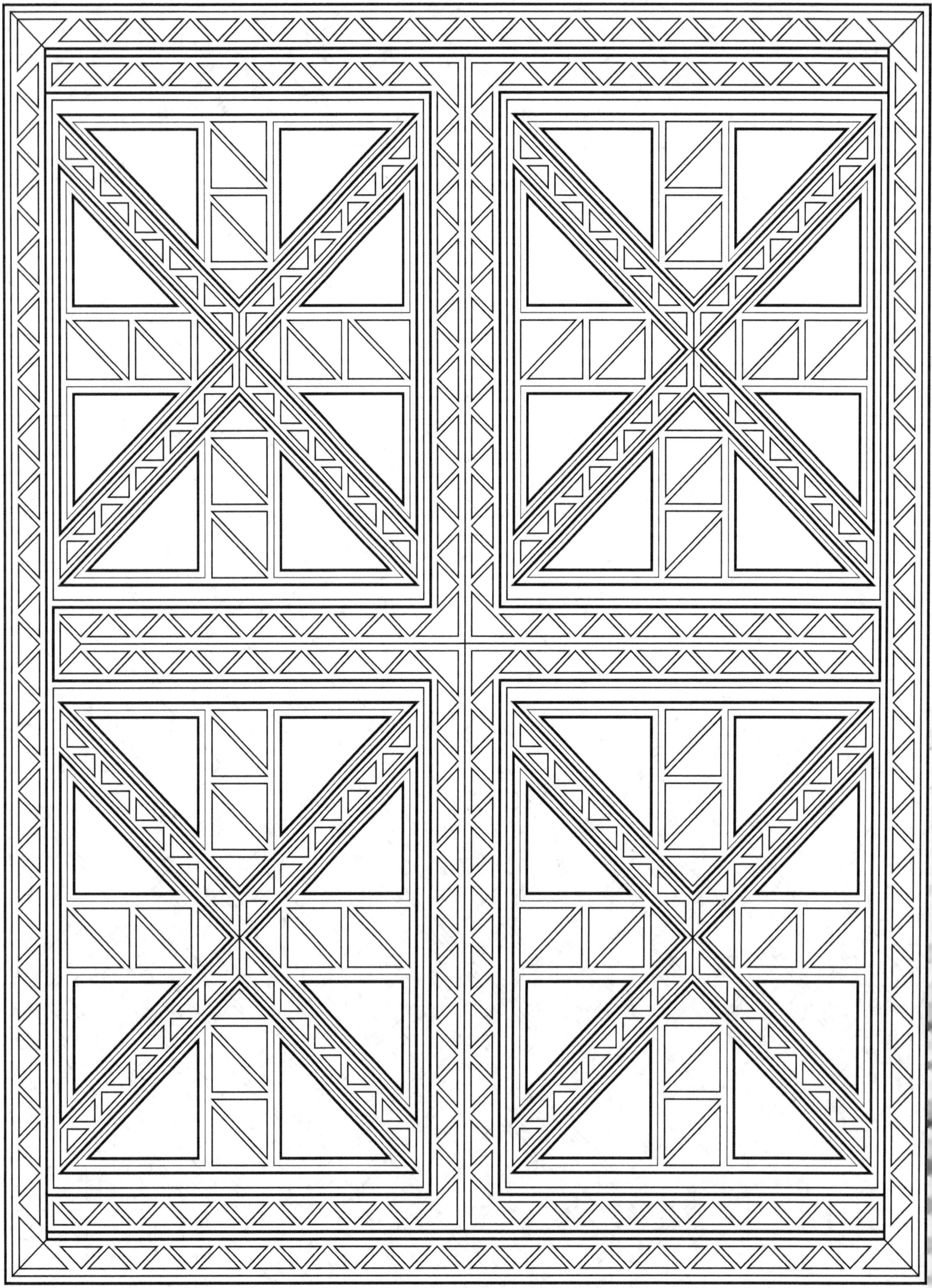

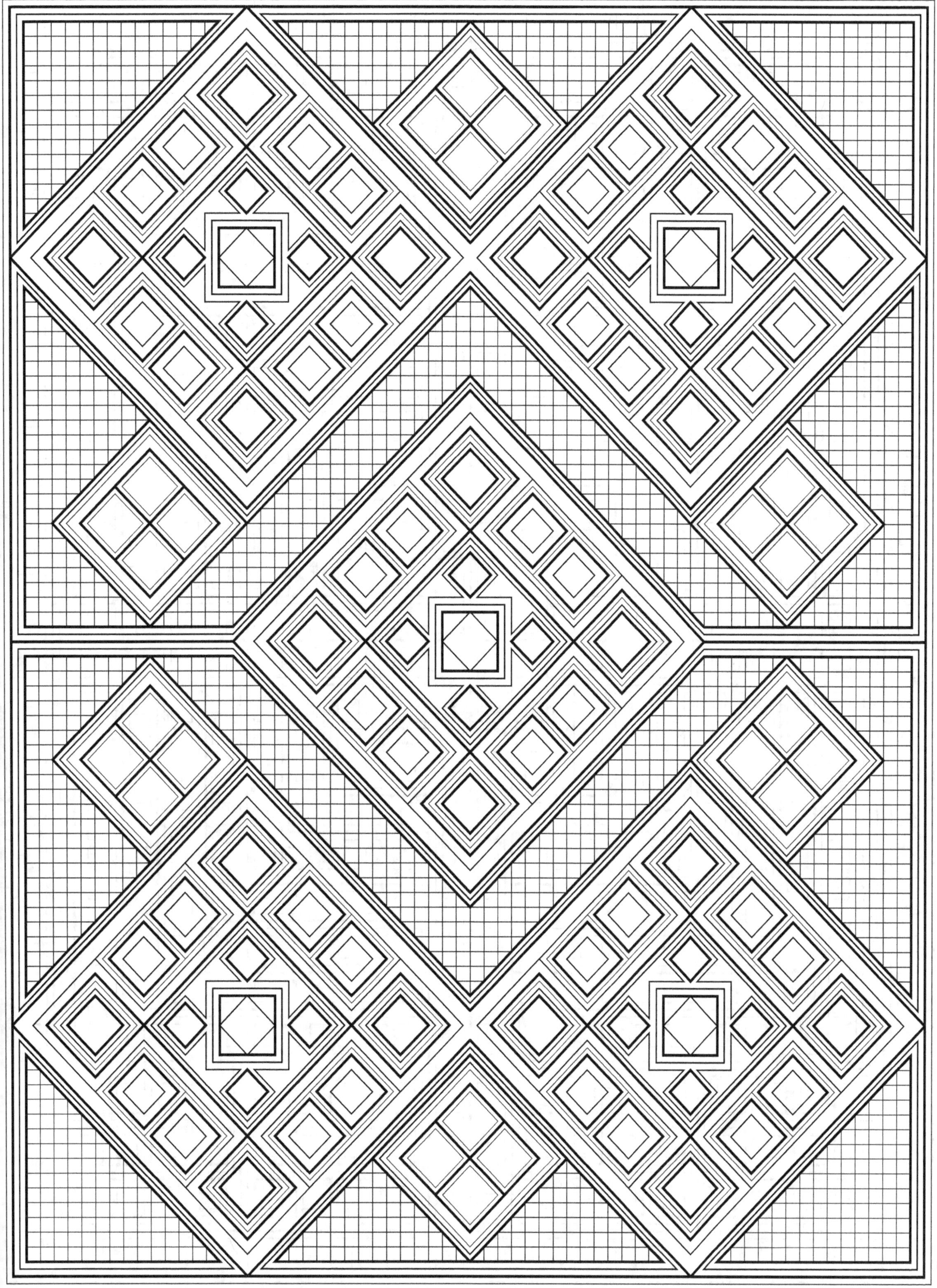

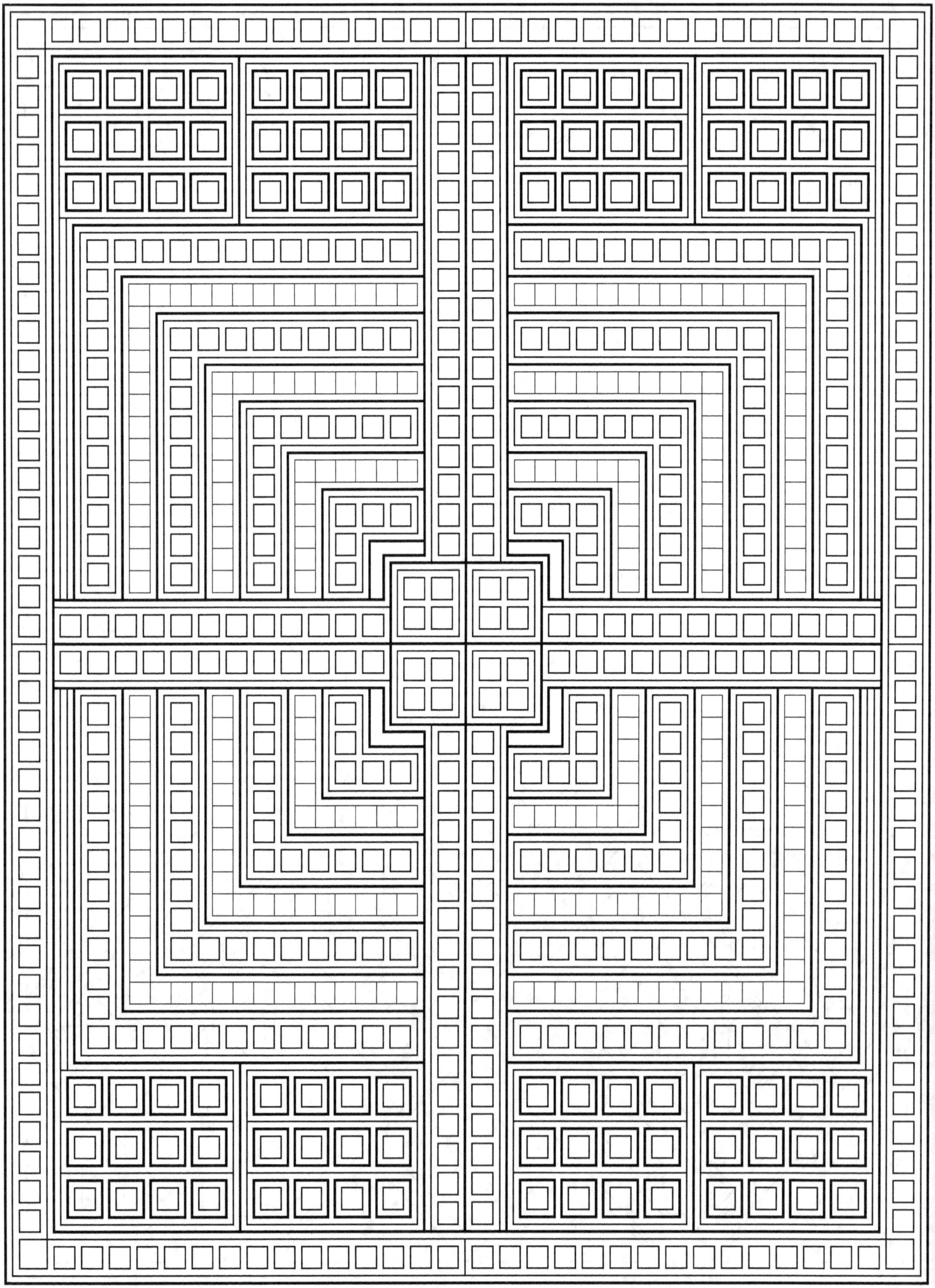

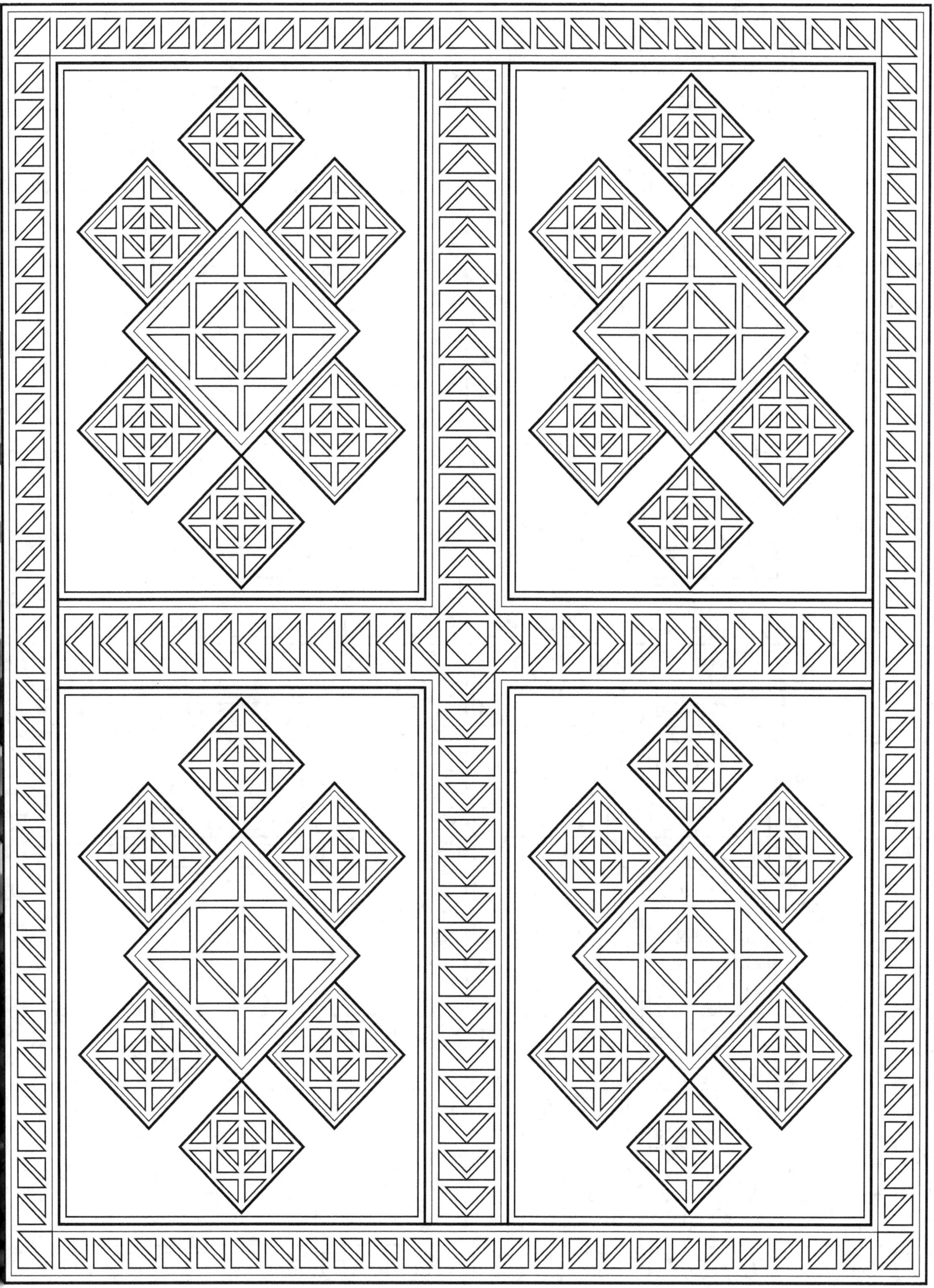

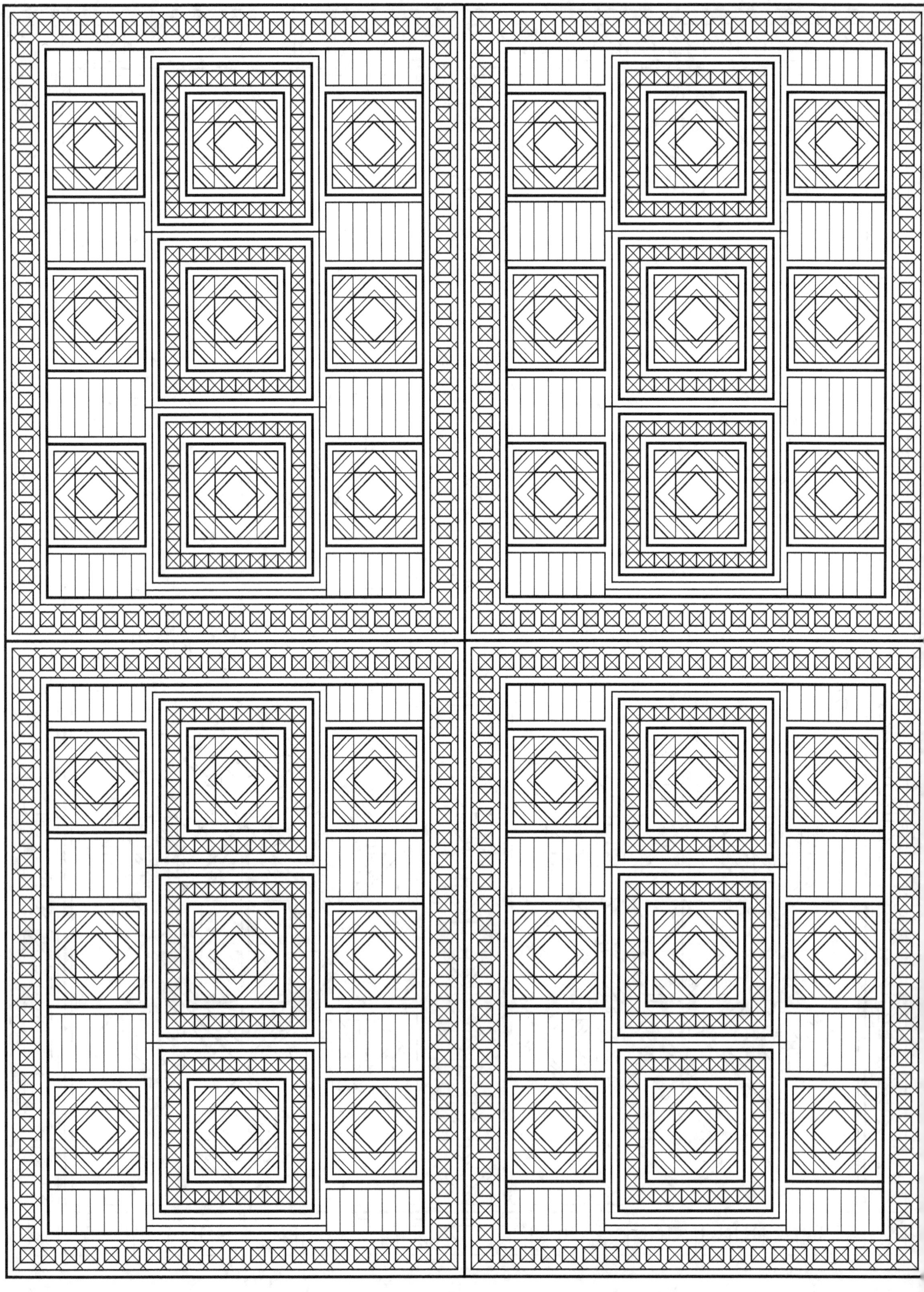

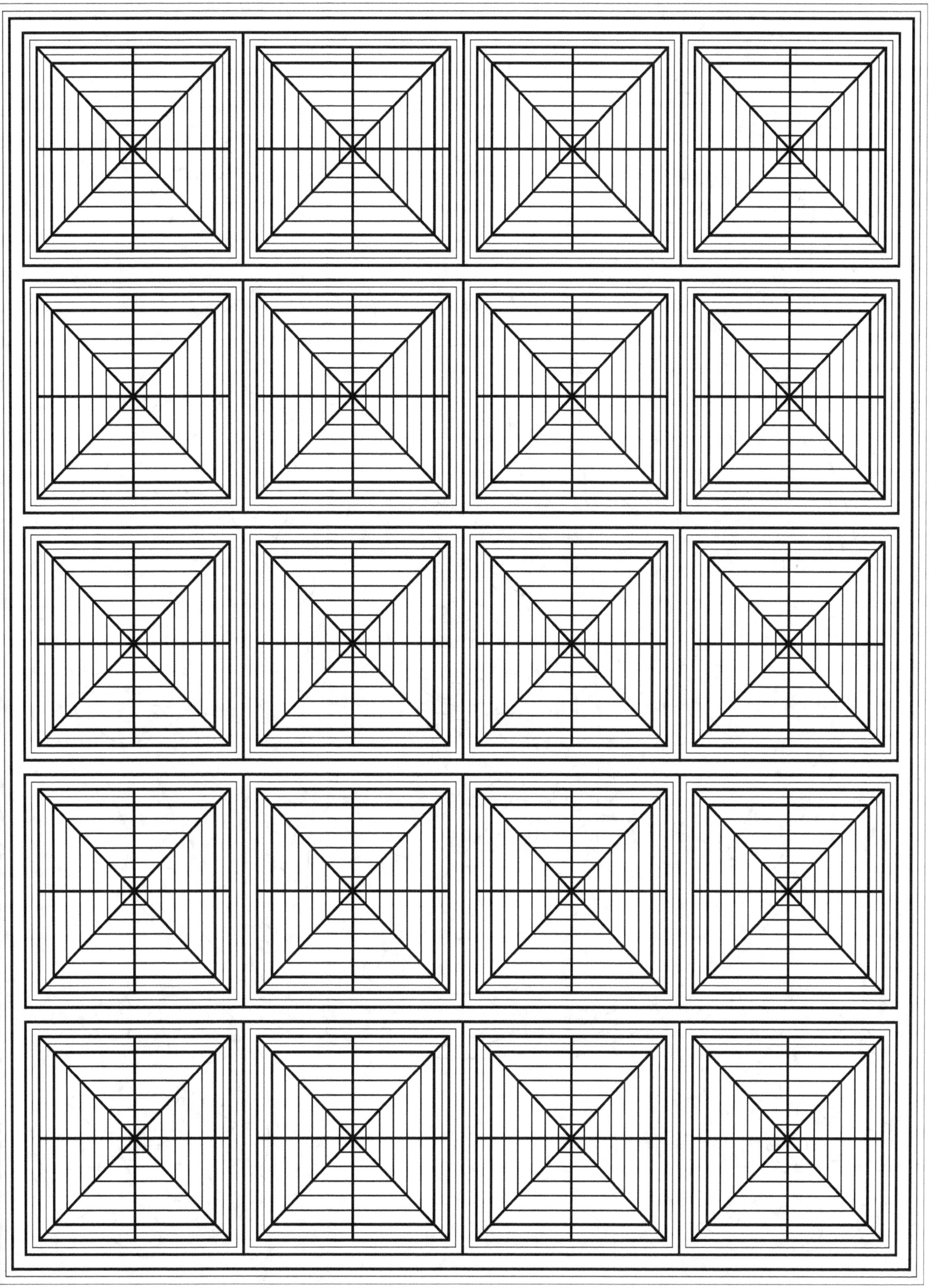

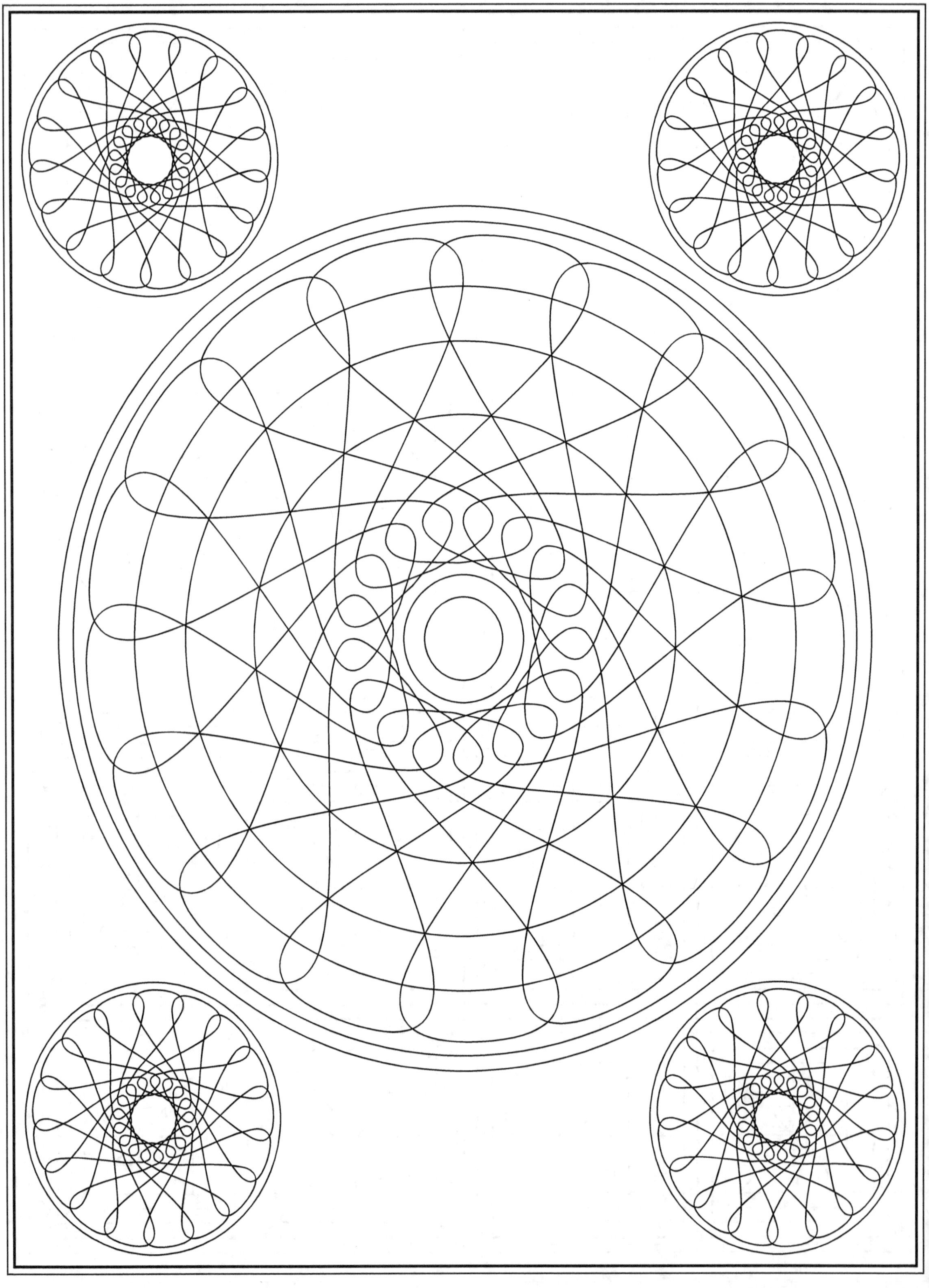

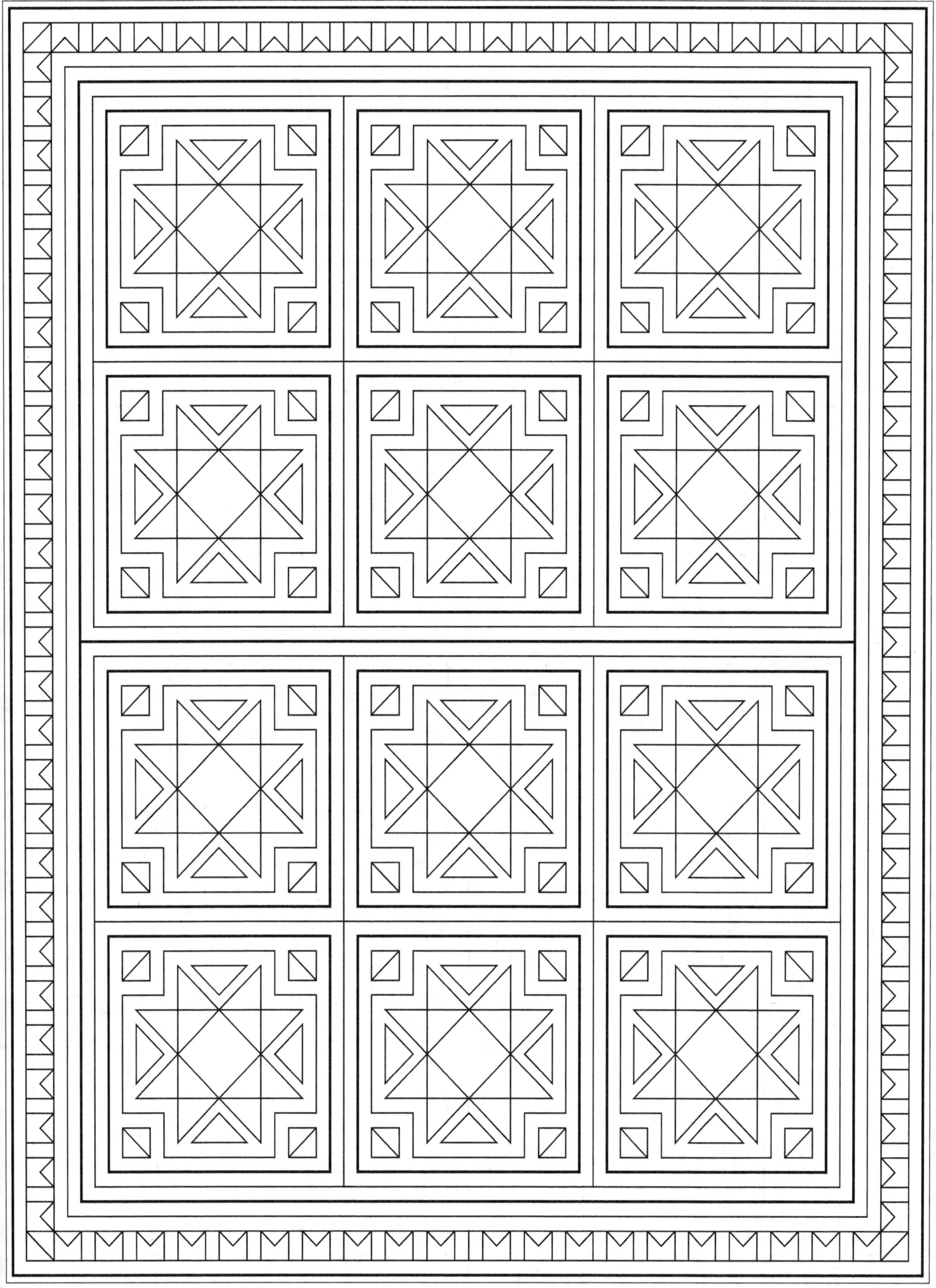

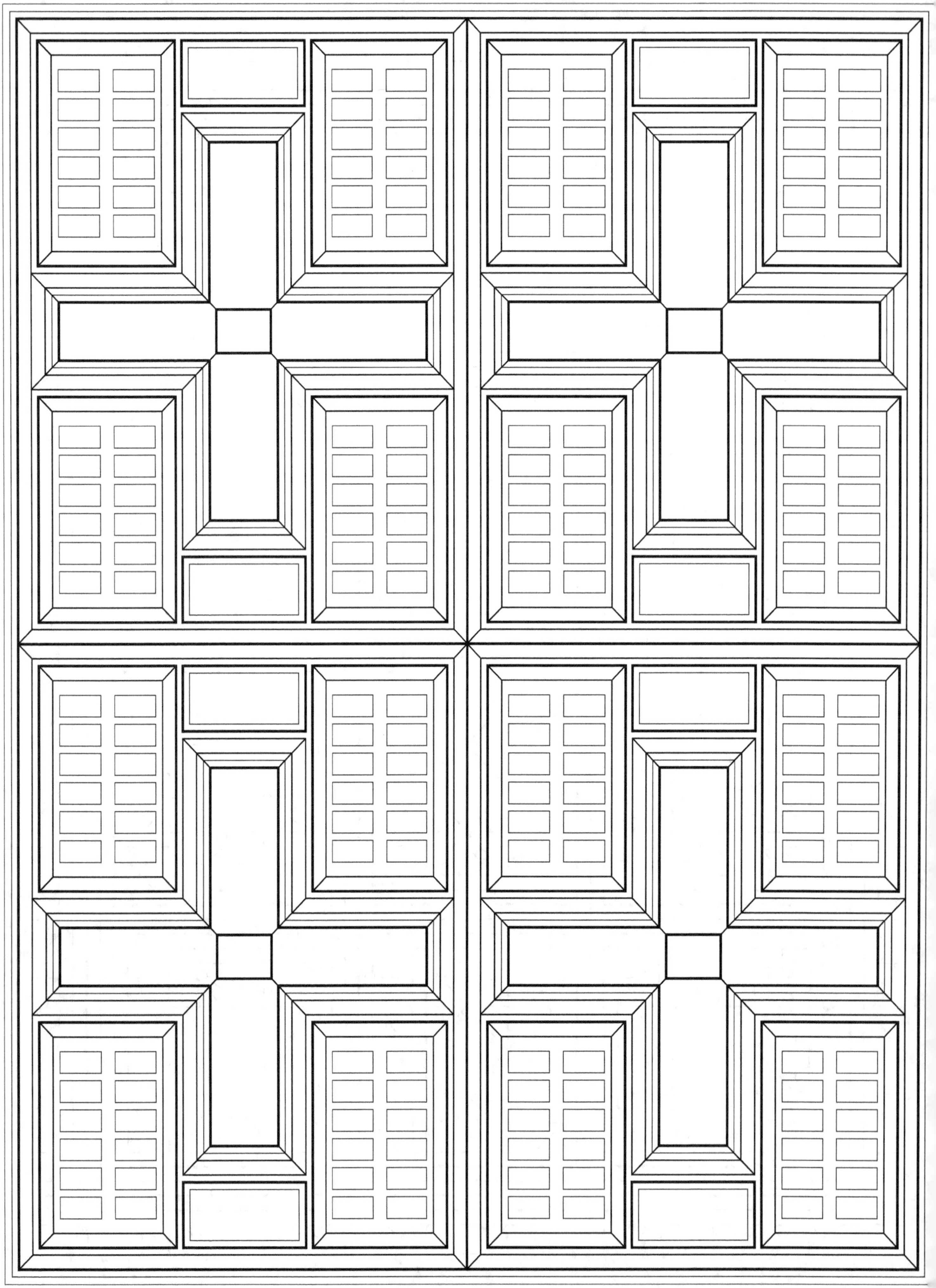

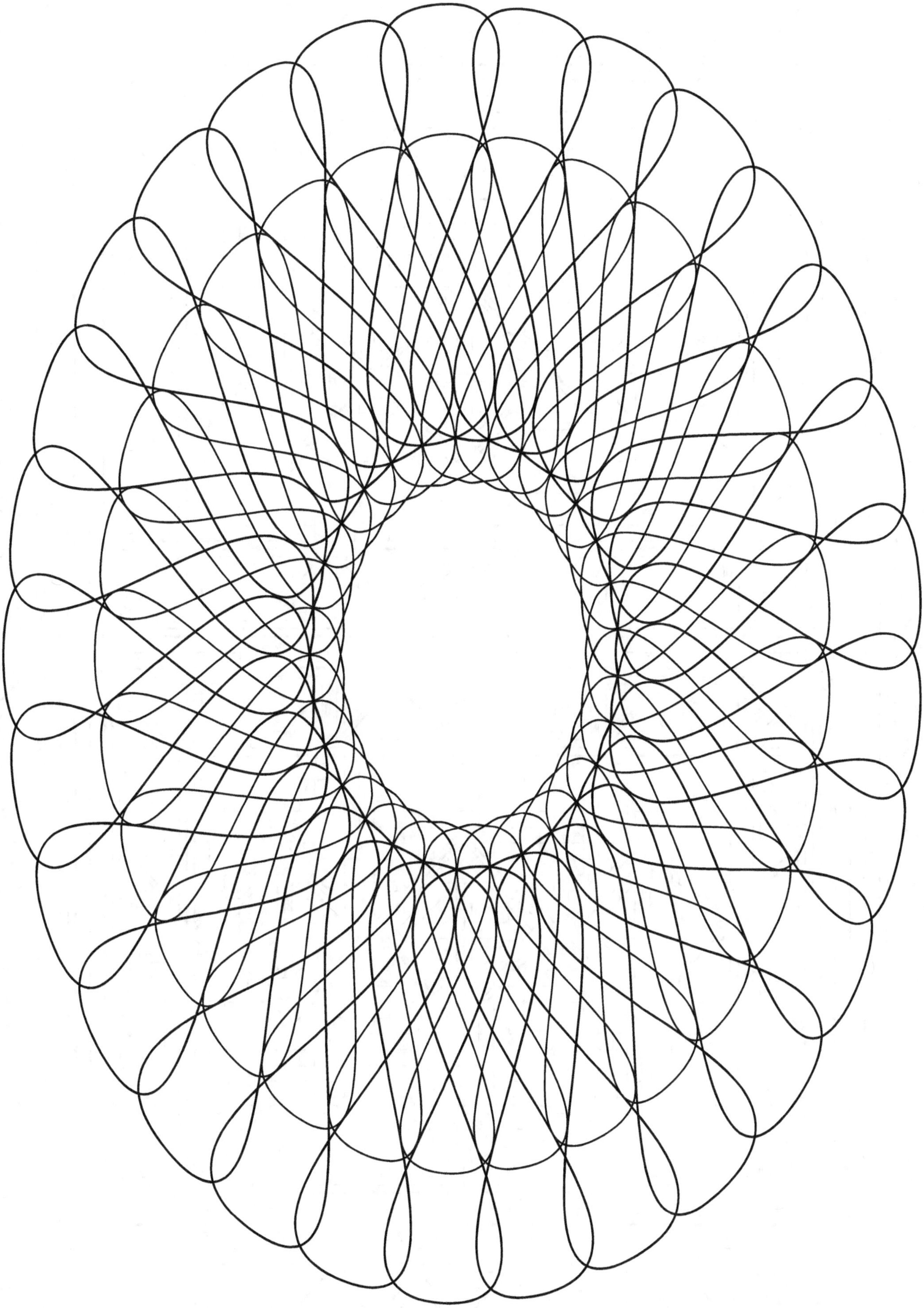

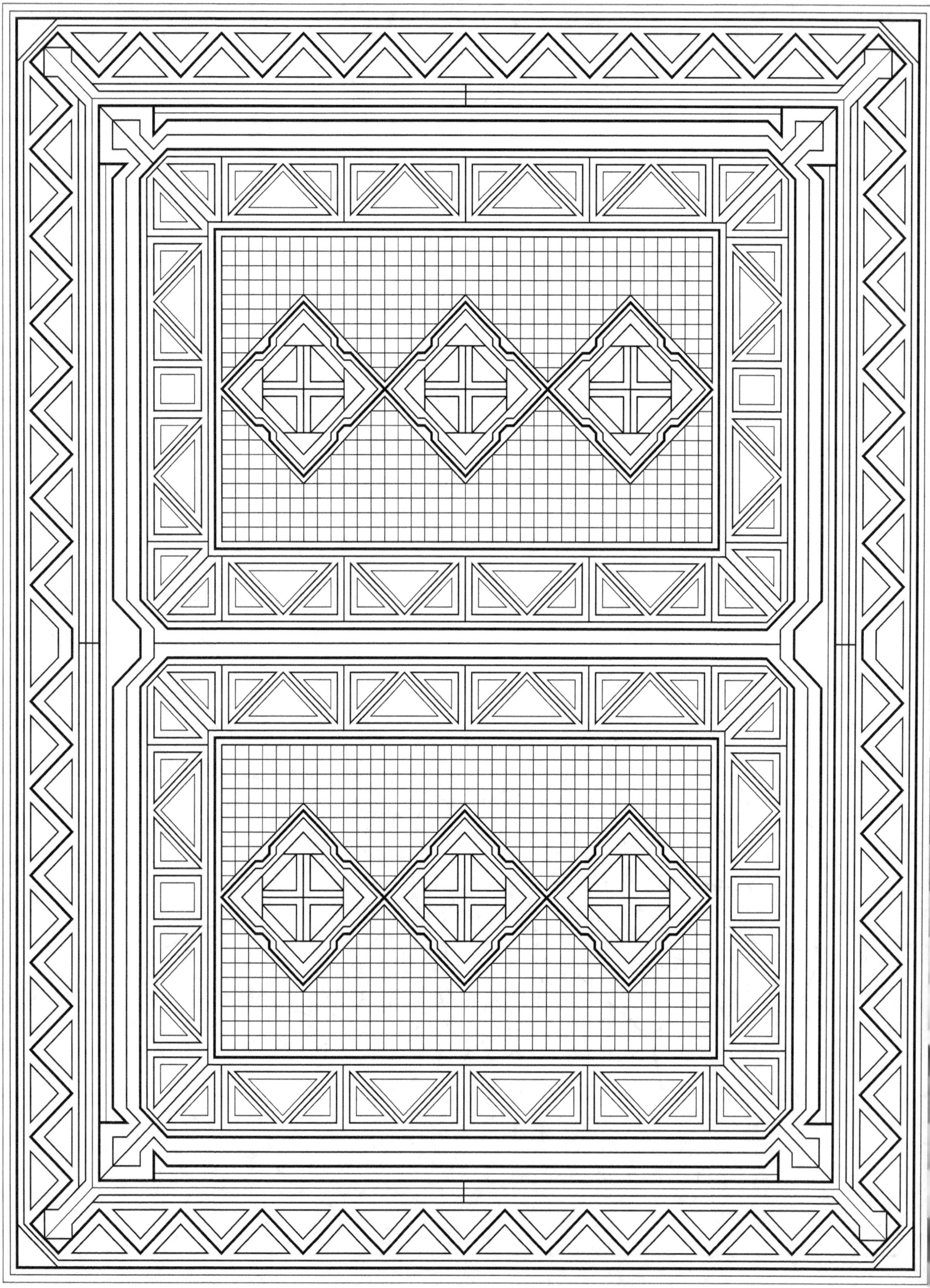

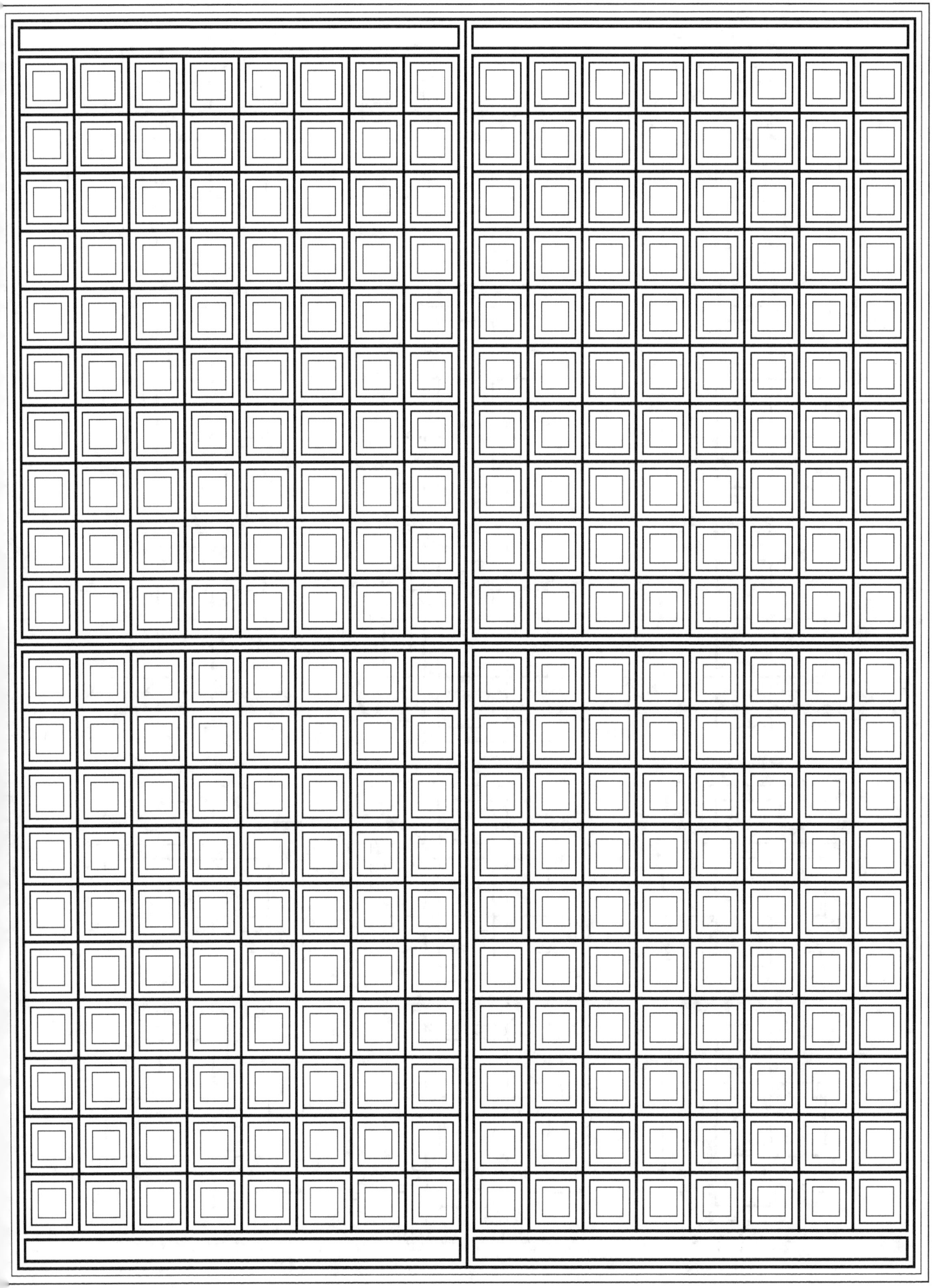

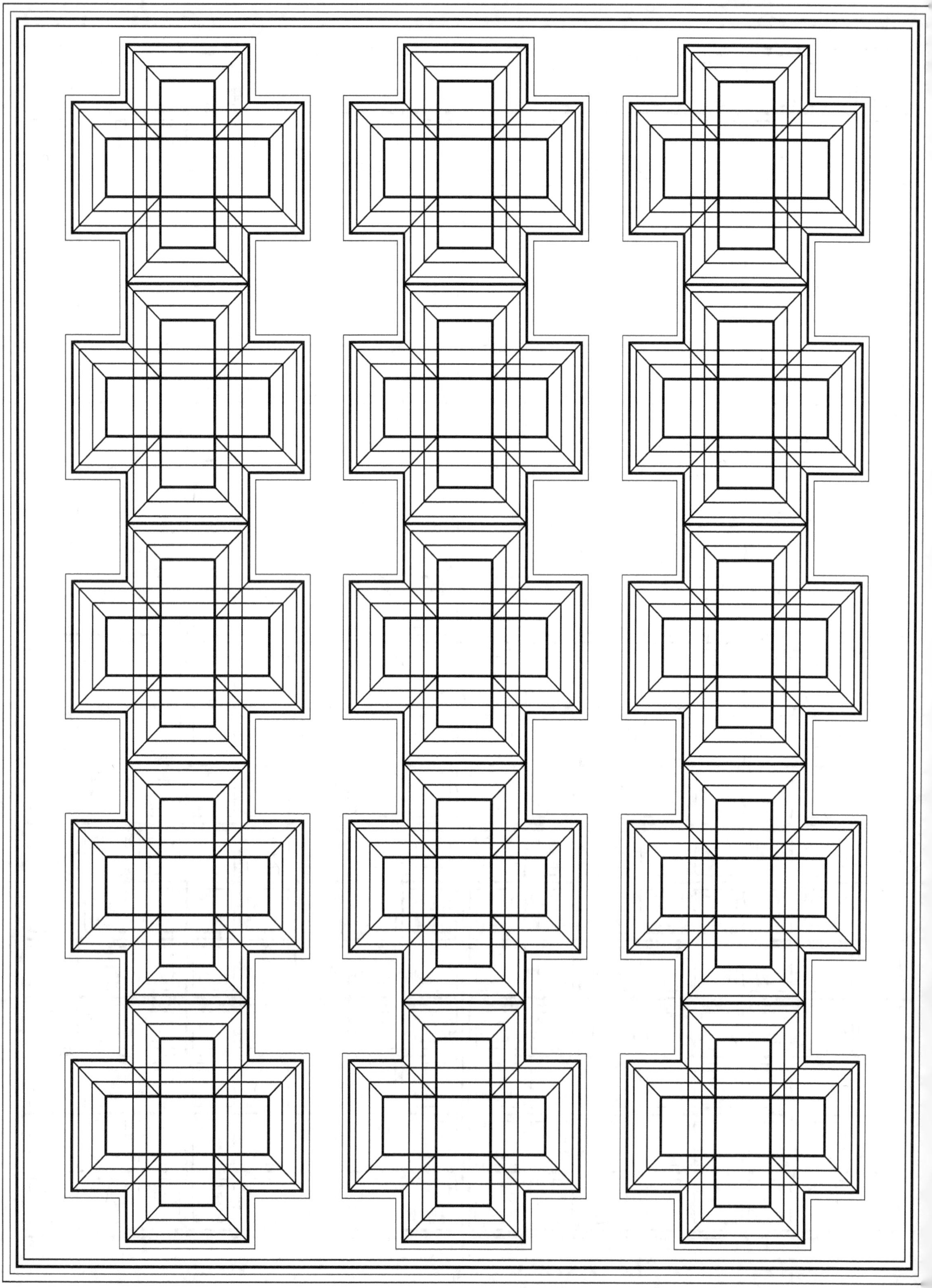

www.ingramcontent.com/pod-product-compliance
Lightning Source LLC
Chambersburg PA
CBHW062210220526
45470CB00009B/2994
* 9 7 8 1 9 7 4 6 8 1 8 4 6 *